¡Hola, español!
2

¡Hola, español! 2

지은이 김유리 · 김재선 · 이은해 · 조혜진
펴낸날 1판 1쇄 2016년 8월 29일
4쇄 2025년 3월 5일

펴낸이 주소현 **펴낸곳** 이화여자대학교출판문화원
주소 서울특별시 서대문구 이화여대길 52(우03760) **등록** 1954년 7월 6일 제9-61호
전화 02) 3277-2965(편집), 02) 362-6076(마케팅)
팩스 02) 312-4312 **전자우편** press@ewha.ac.kr **홈페이지** www.ewhapress.com
책임편집 양지하 **디자인** design **Vita** **일러스트** 해밀

ISBN 979-11-5890-170-7 14770
979-11-5890-155-4 (세트)
값 16,000원

* 잘못된 책은 구입처에서 바꾸어 드립니다.

이 도서의 국립중앙도서관 출판예정도서목록(CIP)은 서지정보유통지원시스템 홈페이지(http://seoji.nl.go.kr)와
국가자료공동목록시스템(http://www.nl.go.kr/kolisnet)에서 이용하실 수 있습니다. (CIP제어번호 : CIP2016019411)

본 교재의 듣기 자료는 MP3 파일로 되어 있으며, 이화여자대학교출판문화원 홈페이지(www.ewhapress.com)
'자료실'에서 무료로 내려받을 수 있습니다.

스페인어 2

¡Hola, español!

김유리 · 김재선 · 이은해 · 조혜진 지음

2

E PRESS

책을 펴내면서

스페인어를 사용하는 다양한 지역과 문화가 국내에 많이 알려지면서 스페인어에 대한 관심도 갈수록 커지고 있습니다. 지중해 연안에 위치해 있으면서 가톨릭과 이슬람의 공존의 흔적을 보여주는 스페인의 문화, 라틴아메리카의 고대 문명과 경외감이 느껴지는 자연은 참으로 매력적입니다. 실제로 많은 사람들이 그곳으로의 여행을 희망하기도 합니다.

스페인어는 전 세계에서 가장 많이 쓰이는 언어 중 하나입니다. 스페인과 라틴아메리카의 20여 개국에서 모국어로 사용되며 미국과 캐나다의 히스패닉 등 사용 인구가 세계 2위를 차지하고 있으니 말입니다. 또한, 단순히 사용 인구가 많은 것이 아니라 오늘날 라틴아메리카가 세계 경제를 주도하는 성장 동력으로 부상하고 있는 점을 고려할 때 스페인어를 배운다는 것은 우리에게 폭넓은 도전의 가능성을 시사해줍니다.

본 교재는 스페인어를 처음으로 배우는 초보자들을 위해 개발되었습니다. 자주 접할 수 있는 일상적 상황을 재현하는 자연스러운 대화를 중심으로 기본 표현을 익히고 관련 문법을 쉽게 배울 수 있도록 구성되었습니다. 각 단원 말미에는 실생활에서 필요한 스페인어나 의사소통을 향상시키기 위한 심화 내용도 조금씩 소개하고 있습니다.

스페인어에 대한 수요가 확산되는 이 시점에 이화여자대학교에서 스페인어 교재를 펴내게 된 것은 매우 뜻깊고 반가운 일입니다. 스페인어와 스페인어권 문화에 대한 호기심이나 관심이 있었지만 그동안 접해볼 기회가 없었던 많은 사람들이 이 교재를 통해 스페인어를 배우고 익히며 새로운 세상을 경험해보기를 기대합니다.

끝으로, 이 책의 완성을 위해 조언을 아끼지 않으신 Dorly Hilares 선생님께 감사 인사를 전합니다.

2016년 8월

저자 김유리, 김재선, 이은해, 조혜진

Índice

Personajes

Antonio
55años

Carmen
53años

Miguel
22años

Ana
22años

Minsu
22años

Yuna
22años

Tabla de contenidos

Gramática y expresiones 1 Gramática y expresiones 2	의사소통	Un poco de todo (어휘, 추가 문법 등)
gustar 동사 | 색	선호도 표현하기 | 색깔 표현하기	스포츠, 취미, 동의와 반의
부정어	정해지지 않은 사람과 사물 표현하기	
quedar 동사 | 가격 묻기	상점에서 옷 고르기 | 가격 묻고 답하기	의류, 쇼핑하기
doler, interesar, importar 동사 | 숫자	아픈 곳 표현하기	
재귀동사	일상을 표현하기	기타 재귀동사
소유사 후치형 | 호칭어 Don, Doña	소유 관계 표현하기	
현재진행형 | 부사의 파생	현재의 진행을 표현하기	절대최상급, 만날 약속 정하기
비교급 | 최상급	비교 표현하기	
미래시제 | 가정문과 접속사 si	미래 표현하기 | 가정문 만들기	미래의 시간 표현, 동의 표현, 확신의 정도 표현
parecer 동사 | pensar, opinar, creer 동사 | 관계사 que, donde	의견이나 생각 표현하기	
현재완료	가까운 과거 표현하기	전화 통화, 빈도 표현
단순과거	종결된 과거 표현하기	
불완료과거	과거의 반복적인 행위 표현하기	노래를 통해 과거 시제의 쓰임 알기
단순과거와 불완료과거 비교	과거의 사건과 상황 서술하기	
과거완료	과거완료 표현하기	문자메시지를 이용해 과거 시제와 동사구의 쓰임 알기
전치사와 함께 쓰는 동사들	여러 동사 표현들 익히기	
긍정명령형	길 안내하기	명령형 감탄사, 명령의 의미로 쓸 수 있는 표현
부정명령형	부정명령문 말하기	

España_Granada, La Alhambra

México_Teotihuacán, Pirámide del Sol

Lección 1 ¿Qué fruta te gusta?

Unidad 1 Me gustan las fresas

Unidad 2 ¿Tienes algo de comer?

Me gustan las fresas

02

Yuna	¿Qué fruta le gusta?
Carmen	Me gustan las fresas. Mira, allí las venden.
Vendedor	¡Buenas tardes! ¿Qué quiere?
Carmen	Quiero medio kilo de fresas. ¿Están buenas?
Vendedor	Sí, todas están muy dulces.
Carmen	También quiero uvas.
Vendedor	¿Cuál prefiere Ud., las uvas negras o las verdes?
Carmen	Prefiero las negras.

Ana	Minsu, ¿te gusta la comida española?
Minsu	Sí, me encanta. Sobre todo, la paella. Es muy rica.
Ana	¿Te gusta cocinar?
Minsu	Sí, me gusta mucho. ¿Y a ti?
Ana	A mí no.

fresa ⓕ 딸기	vendedor(a) ⓜⓕ 상인	dulce 달콤한	medio/a 절반의
uva ⓕ 포도	preferir 선호하다	cocinar 요리하다	sobre todo 특히

Gramática y expresiones 1

1. 동사: gustar (~을 좋아하다)

~에게 ~가 (무척, 더) 마음에 들다

간접목적대명사 + gustar + (mucho/más) + 주어

(A mí)	me	gusta	단수명사 동사원형
(A ti)	te		
(A Ud./él/ella)	le		
(A nosotros/as)	nos	gustan	복수명사
(A vosotros/as)	os		
(A Uds./ellos/ellas)	les		

(A mí) me gusta (mucho) la comida española.
(A mí) me gustan el queso y el jamón.
(A nosotros) nos encanta el chocolate.
A mi padre no le gusta llegar tarde.
A los niños les encanta cantar y bailar.

A ¿Qué te gusta hacer en el tiempo libre?
B Me gusta leer en la cama.

Nota
encantar : 무척 좋아하다

2. 색 (Colores)

rojo/a amarillo/a verde azul blanco/a
negro/a marrón gris naranja rosa

A mi hija le encanta el color rosa.

A ¿De qué color es la manzana?
B Es verde.

A ¿Cuál es tu color favorito?
B Es el (color) verde.

¿Tienes algo de comer?

03

Miguel ¿Tienes algo de comer? Tengo mucha hambre.

Yuna Tengo unas galletas coreanas. Toma.

Miguel Gracias. Um..., ¡qué rica! Por cierto, ¿qué vas a hacer este sábado?

Yuna Nada especial. ¿Tienes algún plan?

Miguel Tengo dos entradas para un concierto. ¿Te gusta la música clásica?

Yuna No mucho. Prefiero la pop. ¿Con quién vas a ir al concierto?

Miguel No sé. Nadie quiere ir.

Yuna De verdad, ¿ninguno de tus amigos quiere?

Miguel No, ninguno.

Yuna Bueno, yo te acompaño al concierto.

galletaⓕ 과자
concierto ⓜ 음악회
por cierto 그런데
acompañar 동행하다
entrada ⓕ 입장권

Gramática y expresiones 2

부정어

	사람	사물
긍정	alguien 누군가	algo 무엇
	¿Hay alguien ahí dentro? Alguien canta en la cocina.	¿Quieres algo más? Tengo algo para ti.
부정	nadie 아무도 (~않다/아니다)	nada 아무것도 (~않다/아니다)
	Nadie quiere hacerlo. (=No quiere hacerlo nadie)	No hay nada en la caja.

A ¿Qué quieres para tu cumpleaños?

B No quiero nada. **B'** Quiero algo bonito. No quiero nada caro.

	형용사		대명사	
긍정 어떤, 어떤 사람/것	algún	algunos	alguno	algunos
	alguna	algunas	alguna	algunas
부정 어떤/누구도 (~않다/아니다)	ningún ninguna		ninguno ninguna	

A ¿Conoces a los amigos de Pedro?

B Sí, conozco a algunos. **B'** No, no conozco a ninguno.

남성명사 단수 앞에서 -o가 탈락된다: alguno → algún ninguno → ningún

¿Tienes algún problema?

Ningún elefante come carne.

Ninguno de mis amigos conduce.

(=No conduce ninguno de mis amigos.)

Un poco de todo

1. Deportes (스포츠)

① Jugar al + 스포츠

ⓜ fútbol

ⓜ tenis

ⓜ baloncesto

ⓜ béisbol

ⓜ golf

② 동사

correr

nadar

esquiar

patinar

2. 취미

escuchar música
jugar a los videojuegos
navegar por internet
pasear
sacar fotos

3. 동의와 반의

	동의	반의
A Carmen le gustan las fresas.	A mí también.	A mí no.
A Carmen no le gustan las fresas.	A mí tampoco.	A mí sí.
Quiero pizza.	Yo también.	Yo no.
No quiero pizza.	Yo tampoco.	Yo sí.

Ejercicios

1. 주어진 동사를 활용하여 보기처럼 문장을 완성하세요.

보기

A mí me encanta el café de Colombia. (encantar)

① A Juan y Ana ________________ el queso. (gustar)

② ¿A vosotros ________________ los deportes? (gustar)

③ Al profesor ________________ pasear y escuchar música. (encantar)

④ ¿A ti ________________ los animales? (gustar)

2. 지문을 읽고 참(V)인지 거짓(F)인지 말해보세요.

보기

A Pedro le gusta mucho comer y cocinar. Le encantan la pasta y la carne. Pero no le gusta la fruta.
A Julia le gustan la ensalada y el pescado. Le encantan los dulces pero no los toma mucho. Siempre bebe agua y va al gimnasio.

① A Pedro y Julia les gusta la ensalada.

② A Julia le gusta el chocolate.

③ Le encanta el espagueti a Pedro.

④ Pedro bebe mucha agua.

3. 빈칸에 들어갈 말을 보기에서 골라 문장을 완성하세요.

보기

alguien algo algún alguno/a nadie nada ningún ninguno/a

① No tengo tiempo para preparar ________________ de comer.

② No conocemos a ________________ en Madrid.

③ ¿Hay ________________ mesa libre?

④ Mi hermana no bebe ________________ por la noche.

4. 보기처럼 동의와 반의를 표현해보세요.

보기

A Julia le gusta cocinar. → A mí también.
No nos gusta el fútbol. → A mi hermano tampoco.

① No me gusta nadar. → A Julia ____________

② A mi hermano le encanta viajar. → A Miguel ____________

③ A ti te gusta esquiar. → A mí ____________

보기

Tengo sueño. → Yo no.
No estoy cansada. → Nosotros sí.

④ No tenemos entradas. → Juan y María ____________

⑤ Julia habla bien el español. → Yo ____________

5. 다음 질문에 답해보세요.

① ¿De qué color es la naranja? → ____________

② ¿De qué color son las fresas? → ____________

③ ¿De qué color son los plátanos? → ____________

④ ¿Cuál es tu color favorito? → ____________

queso ⓜ 치즈
pescado ⓜ 생선
carne ⓕ 고기
dulce ⓜ 달콤한 것
ensalada ⓕ 샐러드

Chile_Isla de Pascua, Moai 석상

Perú_Cuzco

Lección 2 ¿Cómo le queda la falda?

Unidad 1 Me queda bien

Unidad 2 ¿Te duele algo?

Me queda bien

04

Dependienta	Buenas tardes. ¿Qué desea, señorita?
Yuna	Quiero comprar una falda roja.
Dependienta	Aquí tiene. El probador está allí.

* * *

Dependienta	¿Cómo le queda la falda?
Yuna	Me queda bien. ¿Cuánto vale?
Dependienta	Son 25 euros.
Yuna	También necesito unos zapatos cómodos.
Dependienta	¿De qué color los quiere?
Yuna	Los quiero negros.
Dependienta	Estos modelos están de moda. ¿Le gustan?
Yuna	Sí, mucho.

dependienta ⓕ 점원, 종업원
falda ⓕ 치마
probador ⓜ 가봉실, 피팅룸
cómodo/a 편안한
modelo ⓜ 모형 · 본
moda ⓕ 유행

Gramática y expresiones 1

1. 동사: quedar (~하게 어울리다)

<table>
<tr><td>(A mí)</td><td>me</td><td rowspan="3">queda</td><td rowspan="3">부사
(bien/mal)</td><td rowspan="3">단수명사</td></tr>
<tr><td>(A ti)</td><td>te</td></tr>
<tr><td>(A Ud./él/ella)</td><td>le</td></tr>
<tr><td>(A nosotros/as)</td><td>nos</td><td rowspan="3">quedan</td><td rowspan="3">형용사
(grande)
(pequeño/a)</td><td rowspan="3">복수명사</td></tr>
<tr><td>(A vosotros/as)</td><td>os</td></tr>
<tr><td>(A Uds./ellos/ellas)</td><td>les</td></tr>
</table>

A ¿Cómo le quedan estos pantalones?

B Me quedan mal. **B'** Me quedan cortos.

Nota

quedar는 '남다'의 뜻으로 사용되기도 한다.

A: ¿Cuánto dinero te queda?

B: Solo me quedan dos euros.

2. 가격 묻기

<table>
<tr><td>¿Cuánto</td><td>vale/valen (+주어)?
cuesta/cuestan (+주어)?
es?</td><td>Vale/Valen
Cuesta/Cuestan + 가격
Es/Son</td></tr>
</table>

A ¿Cuánto valen estos pendientes?

B Valen/Cuestan/Es un euro.

A ¿Cuánto cuesta esta pulsera?

B Cuesta/Vale/Son 15 euros.

Unidad 2

¿Te duele algo?

05

Ana Minsu, ¿qué te pasa? ¿Te duele algo?

Minsu Sí, me duele todo. Me duelen la cabeza, la garganta, los ojos...

Ana ¿Tienes tos?

Minsu Sí, un poco.

Ana ¿Por qué no vas al médico?

Minsu Esta tarde voy a ir.

Yuna Miguel, ¿te interesan los ordenadores del último modelo?

Miguel Claro que sí. ¿Por qué me lo preguntas?

Yuna Mira estos modelos en este anuncio. Son geniales.

Miguel Es verdad. Pero a mí me importa el precio también. ¿Cuánto es?

Yuna Son 520 euros.

Miguel No está mal.

garganta ⓕ 목	ojo ⓜ 눈	tos ⓕ 기침	ordenador ⓜ 컴퓨터
último/a 마지막의, 최근의	anuncio ⓜ 광고	genial 훌륭한, 멋진	precio ⓜ 가격

Gramática y expresiones 2

1. 동사: doler(아프다), interesar(관심 있다), importar(중요하다)

간접목적대명사 + duele / duelen (+mucho / un poco) + 신체 부위

(A mí) me duele la cabeza.
(A mi madre) le duelen mucho las piernas.
Nos interesa el medio ambiente.

A ¿(A vosotros) os importa esperar un poco?
B No, no nos importa.

Nota
gustar 구문 형식의 기타 동사: apetecer(~하고 싶다)
faltar(부족하다)
molestar(귀찮게 하다)

2. 숫자

100	cien
101	ciento uno/a
121	ciento veintiuno/a
200	doscientos/as
300	trescientos/as
400	cuatrocientos/as
500	**quin**ientos/as
600	seiscientos/as
700	**sete**cientos/as
800	ochocientos/as
900	**nove**cientos/as
1.000	mil
2.000	dos mil

cien: 단독으로 쓰일 때나 명사 앞에 쓴다.
100 이하의 숫자 앞에서는 ciento가 된다.

cien libros　　cien casas
ciento un libros　　ciento una casas

200-900: 수식하는 명사의 성과 수에 일치한다.
doscientos veinticinco libros
quinientas setenta y dos casas

y: 십 자리와 일 자리 연결에만 쓴다.
ciento y veinte(×) ciento veinte(○)

100: un cien(×) cien(○)
1.000: un mil(×) mil(○)

Un poco de todo

1. Ropa (의류)

ⓜ vestido	ⓜ traje	ⓜ jersey	ⓕ camiseta
ⓜ abrigo	ⓕ blusa	ⓕ camisa	ⓕ chaqueta
ⓕ falda	ⓜ pantalones	ⓕ bufanda	ⓜ sombrero

2. Ir de compras (쇼핑하기)

¿Qué desea Ud.? / ¿Qué quiere?
¿Desea algo? / ¿Necesita algo?

¿Tiene camisas?
Necesito una camisa.

¿De qué color lo/la quiere?
¿Cómo lo/la quiere?

Lo / La quiero azul.

¿Cuál es su talla?

La 40.
¿Tiene otra talla más grande / pequeña?

Ejercicios

1. 빈칸에 알맞은 동사를 보기에서 골라 문장을 완성하세요.

보기

apetecer　　doler　　interesar　　molestar　　quedar

A mi amigo y a mí <u>nos interesan</u> las novelas.

① Julia está cansada. ________________ la cabeza.

② A ti ________________ muy bien el color verde.

③ Tengo que ir al dentista. ________________ los dientes.

④ Pedro tiene sueño. ________________ dormir en su habitación.

⑤ A nosotros ________________ este olor.

2. 보기처럼 물건의 가격을 말해보세요.

보기

Estos guantes valen quince dólares.

15 dólares

140 pesos

225 euros

7500 euros

450 euros

① Aquellas gafas ________________

② Este móvil ________________

③ Ese coche ________________

④ Aquel ordenador ________________

apetecer ~하고 싶어 하다
olor ⓜ 냄새
molestar 귀찮게 하다
guante ⓜ 장갑
dentista ⓜⓕ 치과의사

3. ¿Quién es?

Ana siempre lleva una bufanda.

Antonio va con su traje.

A Carmen le queda bien la falda roja.

A Miguel le gustan los sombreros.

Minsu va a hacer deporte.

4. 다음 표현들을 대화 순서에 맞게 나열해보세요.

① Muy bien. Me gusta. ¿Cuánto es?
② Quiero una blusa para mi madre.
③ ¿Qué tal esta?
④ Buenos días, ¿qué desea?
⑤ ¿Qué talla tiene?
⑥ ¿De qué color la quiere?
⑦ La quiero roja.
⑧ La 42.

bufanda ⓕ 목도리
blusa ⓕ 블라우스
traje ⓜ 정장
talla ⓕ 사이즈
sombrero ⓜ 모자

España_Sevilla, Catedral

España_Barcelona, La Sagrada Familia

Lección 3 Me levanto a las siete

Unidad 1

Mi rutina diaria

Querida mamá

¡Hola, mamá! ¿Cómo estás?

Te escribo para contarte qué hago cada día en Madrid.

Me levanto a las siete de la mañana y me ducho. Luego, me visto y desayuno rápidamente.

Salgo de casa y llego a clase a las ocho y media. Estudio hasta las cinco y regreso a casa a las seis. Después, me lavo la cara y los pies. Ceno en casa o salgo a veces para comer fuera con unos amigos.

Para dormir, me pongo el pijama y me acuesto a las once y media.

¿Qué tal mi día? Quiero ir a casa pronto.

Un beso,

Minsu

rutina ⓕ 일상	diario/a 매일의	querido/a 친애하는	contar 이야기하다
cada 매, ~마다	ducharse 샤워하다	rápidamente 빨리	lavarse 씻다
cara ⓕ 얼굴	pie ⓜ 발	fuera 밖에	ponerse 입다
pijama ⓜ 파자마	pronto 곧	beso ⓜ 입맞춤	

Gramática y expresiones 1

재귀동사

	levantarse(일어나다)	acostarse(눕다)	vestirse(옷입다)
yo	me levanto	me ac**ue**sto	me v**i**sto
tú	te levantas	te ac**ue**stas	te v**i**stes
Ud., él, ella	se levanta	se ac**ue**sta	se v**i**ste
nosotros/as	nos levantamos	nos acostamos	nos vestimos
vosotros/as	os levantáis	os acostáis	os vestís
Uds., ellos, ellas	se levantan	se ac**ue**stan	se v**i**sten

재귀동사는 행위의 결과가 주어에게 되돌아오며 항상 재귀대명사와 함께 사용한다.

A ¿A qué hora te levantas?
B Me levanto a las siete y media.

A ¿Se acuesta Ud. tarde?
B No, me acuesto temprano.

A ¿Cuándo se duchan los niños?
B Se duchan por la noche.

El niño se viste solo.
Mi padre se pone la chaqueta.
Ella se quita el sombrero.

Nota
재귀동사의 목적어가 자신의 신체 부위나 소유물일 경우 소유사가 아닌 정관사를 쓴다.
Me lavo mis manos.(x)
Me lavo las manos.(o)

재귀대명사와 목적대명사

재귀대명사는 동사구 앞이나 동사원형 뒤에 붙여 쓴다.
직접목적대명사와 쓰는 경우 그 앞에 위치한다.

Me lavo las manos. → Me las lavo.
Voy a ponerme la bufanda. → Voy a ponérmela.

상호적 용법

복수형 재귀동사는 '서로'라는 의미로 쓰기도 한다.

María y Juan se quieren mucho.
Nosotros nos damos unos regalos en Navidad.

Unidad 2 Estas revistas son mías

07

Miguel Mamá, ¿de quién es este libro?

Carmen No sé. ¿No es tuyo?

Miguel No, los míos están allí.

Carmen Entonces, es de doña María, la vecina del piso enfrente del nuestro. Ella viene a veces aquí con sus libros.

Miguel ¿Y estas revistas? ¿Son tuyas?

Carmen Sí, son mías.

Miguel Bueno, tus libros están aquí y los míos allí. Todo está en su sitio.

Carmen Gracias por ordenar la estantería, hijo mío.

revista ⓕ 잡지
enfrente de ~의 정면에
sitio ⓜ 장소
ordenar 정리하다
estantería ⓕ 책장

Gramática y expresiones 2

1. 소유사 후치형

단수		복수	
남성	여성	남성	여성
mío	mía	míos	mías
tuyo	tuya	tuyos	tuyas
suyo	suya	suyos	suyas
nuestro	nuestra	nuestros	nuestras
vuestro	vuestra	vuestros	vuestras
suyo	suya	suyos	suyas

명사 뒤에서 수식하거나 동사의 보어로 쓰이며, 수식하는 명사의 성과 수에 일치시킨다.

Hija mía, debes comer más.

Este perro es nuestro.

Las cartas son suyas.

Un amigo mío viene a verme.

Dos hijas suyas viven en España.

Nota
소유사 전치형과 후치형
Tus zapatos están limpios pero los nuestros, sucios.

주어의 역할을 하거나 여러 개 중에서 선택할 때 대명사 역할을 하며 정관사를 수반한다.

A ¿Cuál es la tuya?

B La mía es esa.

El café de María y el tuyo están sobre la mesa.

2. 호칭어 Don, Doña

Don (D.) Doña (D.ª)	+	이름	Don Quijote Doña Dulcinea

Don Felipe VI y doña Leticia son reyes de España.

Doña Ana tiene ochenta años.

Don Quijote es un personaje español muy famoso.

Un poco de todo

기타 재귀동사

Minsu se lava los dientes y la cara.

Minsu se pone la ropa.

Minsu se arregla

Minsu se casa.

Minsu se sienta en la silla.

Minsu se divierte.

규칙동사 : bañarse, afeitarse, alegrarse, casarse, peinarse, arreglarse

불규칙동사 : despertarse, sentarse, sentirse, divertirse

> **Nota**
> ir(가다) vs. irse(가버리다)
> Juan va a la fiesta.
> La fiesta termina y la gente se va.

Ejercicios

1. 빈칸에 들어갈 말을 보기에서 골라 문장을 완성하세요.

보기

me te se nos os

① Nosotros ______________ levantamos a las ocho.

② ¿ ______________ lavas (tú) los pies?

③ ¿ ______________ vais tan pronto?

④ Yo ______________ visto y tomo el desayuno.

2. 소유사를 활용하여 대답해보세요.

① ¿Es tuyo el libro? -Sí, es ______________

② ¿Es vuestra esta casa? -No, no es ______________

③ ¿Son de María los cuadros? -Sí, son ______________

④ ¿Son de Juan y Nacho las sillas? -No, no son ______________

3. 빈칸에 들어갈 동사를 보기에서 골라 문장을 완성하세요.

보기

acostar(se) bañar(se) despertar(se) lavar(se)

① Elena ______________ ahora.

② Ella le ______________ las manos a su hija.

③ El padre ______________ al bebé en la cama.

④ El niño ______________ solo.

bañarse 목욕하다 despertarse 깨다 bebé ⓜ 아기

4. 소유사를 활용하여 문장을 완성하세요.

① Mi teléfono móvil y ________________ son nuevos. (너의 것)

② Nuestra escuela está cerca de ________________ . (그들의 것)

③ Tus tareas son fáciles pero ________________, difíciles. (나의 것)

④ Vuestro barrio es moderno pero ________________ es antiguo.(우리의 것)

⑤ Mi casa está al lado de ________________. (그의 것)

5. 빈칸에 들어갈 말을 보기에서 골라 문장을 완성하세요.

보기

conocer(se) amar(se) saludar(se)

① Mi hermano y yo ________________ mucho a nuestros abuelos y los visitamos a menudo.

② Los dos ________________ con todo corazón.

③ Los vecinos ________________ con alegría en la calle.

④ Juan no ________________ Madrid.

6. 보기와 같이 문장을 바꾸세요.

보기

Me lavo el pelo. → Me lo lavo.

① ¿Te pones las gafas para estudiar? → ________________

② Los coreanos se quitan los zapatos en casa. → ________________

③ Vamos a lavarnos la cara. → ________________

④ Hay que ponerse traje para ir a algunos restaurantes. → ________________

tarea ⓕ 과제, 숙제 barrio ⓜ 거주 구역 antiguo/a 오랜, 낡은 amar 사랑하다
saludar 인사하다 corazón ⓜ 심장, 마음 alegría ⓕ 기쁨 pelo ⓜ 머리카락

Lección 4 Estoy estudiando español

Unidad 1

¿Qué estás haciendo?

08

Ana	¡Dígame!
Miguel	¡Hola, Ana! ¿Qué estás haciendo?
Ana	Estoy leyendo un periódico, ¿y tú?
Miguel	Estoy viendo la televisión.
Ana	¿Hay algo interesante?
Miguel	Sí, hay un programa sobre los animales.
Ana	Mira, ¿no quieres salir esta tarde? Quiero ver una película. Estoy mirando el anuncio y hay unas películas interesantes.
Miguel	Bueno, ¿nos vemos a las seis?
Ana	De acuerdo. Quedamos en el cine Apolo.
Miguel	Vale, hasta luego.

dígame 여보세요
de acuerdo 동의해
película ⓕ 영화
quedar (만날) 약속을 하다
verse (서로) 만나다
vale 좋아

Gramática y expresiones 1

1. 현재진행형: estar 동사 + 현재분사

			현재분사	
yo	estoy		−ar	−er, −ir
tú	estás			
Ud., él, ella	está	+ 현재분사	어근 + −ando	어근 + −iendo
nosotros/as	estamos			
vosotros/as	estáis		hablando	comiendo
Uds., ellos, ellas	están		estudiando	viviendo

현재분사 불규칙형		
leer → leyendo	repetir → repitiendo	decir → diciendo
venir → viniendo	dormir → durmiendo	morir → muriendo

재귀대명사나 직 · 간접목적대명사는 estar 동사의 앞이나 현재분사 뒤에 첨가한다.

Me estoy bañando. → Estoy bañándome.

Lo estoy diciendo. → Estoy diciéndolo.

2. 부사의 파생

−o로 끝난 형용사: −a로 바꾼 후 mente 첨가
기타 형용사 : mente 첨가

perfecto → perfectamente
fácil → fácilmente
alegre → alegremente

rápido → rápidamente
normal → normalmente
amable → amablemente

Normalmente ellos se duchan por las mañanas.

Juan termina el trabajo perfectamente.

Los alumnos saludan a la profesora alegremente

Unidad 2

Este es más caro que aquel

09

Dependienta	¡Buenas tardes! ¿Qué desea Ud.?
Antonio	Quiero comprar un collar para mi esposa.
Dependienta	De acuerdo. Mire, este collar es de oro y es muy brillante.
Antonio	Sí, pero es demasiado caro. Y aquel, ¿cómo es?
Dependienta	Es de plata y es más barato que este.
Antonio	Este es más bonito que aquel. ¿No hay otro collar de oro menos caro?
Dependienta	¿Qué tal este collar? Es de oro y tiene buen precio.
Antonio	Es verdad, pero para mí el primero es el mejor de todos.

collar ⓜ 목걸이
demasiado 너무나
esposo/a ⓜⓕ 남편, 부인
plata ⓕ 은
oro ⓜ 금
barato/a 저렴한
brillante 빛나는

Gramática y expresiones 2

1. 비교급

~보다 더/ 덜 : más / menos + 명사/형용사/부사 + que
동사 + más / menos + que

Este supermercado es más /menos caro que aquel.
Mi hermano come más que yo.

~처럼 ~한 : tan + 형용사/ 부사 + como
: tanto/a /os /as + 명사 +como
~처럼 ~하게: 동사 + tanto + como

Vuestra habitación es tan grande como la nuestra.
Tengo tantos libros como el profesor.
Ella sabe tanto como él.

	비교급	최상급
bueno/a/os/as	mejor(es)	el/la/los/las mejor(es)
malo/a/os/as	peor(es)	el/la/los/las peor(es)
grande(s)	mayor(es)	el/la/los/las mayor(es)
pequeño/a/os/as	menor(es)	el/la/los/las menor(es)
bien	mejor	x
mal	peor	x

2. 최상급: (~에서) 가장 ~한

정관사 + (명사) + más / menos + 형용사 (+ de / entre)

Elena y Susana son las chicas más(menos) altas de la clase.
Aquel camarero es el más(menos) amable entre los camareros.
Susana es la mayor de sus hermanos.
Juan habla mejor que José.

Nota
크기 비교의 grande, pequeño/a는 más, menos 구문으로 표현한다.
Su casa es más grande que la mía.

Un poco de todo

1. 절대최상급

형용사 : 최종 모음 대신 –ísimo/a/os/as 첨가

o 모음으로 끝나는 형용사: muchísimo/a/os/as, altísimo/a/os/as
자음으로 끝나는 형용사: facilísimo/a/os/as, dificilísimo/a/os/as
e 모음으로 끝나는 형용사: interesantísimo/a/os/as

부사 : 최종 모음 대신 –ísimo 첨가

o 모음으로 끝나는 부사: rapidísimo
e 모음으로 끝나는 부사: tardísimo

2. 만날 약속 정하기

¿No quieres ir conmigo al concierto?

Quedamos a las dos.

Sí, ¿cuándo quedamos?

¿Dónde nos vemos?

¿A qué hora quedamos?

Vale, nos vemos entonces.

¿Podemos vernos a las ocho?

Nos vemos en el bar de la esquina.

Ejercicios

1. 빈칸에 주어진 동사를 활용하여 문장을 완성하세요.

① Yo estoy ______________ con mis padres. (comer)

② Mis padres y yo estamos ______________ la televisión. (ver)

③ Los bebés están ______________ en la cama. (dormir)

2. 보기처럼 문장을 완성하세요.

보기

Esta mesa es más cara que aquella. / Aquella mesa es menos cara que esta.

①

Ella es ________ alta ________ él.

②

Ellos comen ______________ ellas.

③

Álex es ________ gordo ________ Juan.

④

La maleta es ________ grande ________ la mochila.

3. 주어진 말을 부사로 바꾸어 말해보세요.

보기

Los españoles cenan tarde. (normal) → Normalmente los españoles cenan tarde.

① Mis primas preparan la paella. (fácil) → ______________________

② Mis compañeros viven en el campo. (tranquilo) → ______________________

③ La niña canta con sus amigos. (alegre) → ______________________

maleta ⓕ 트렁크	mochila ⓕ 배낭	primo/a ⓜⓕ 사촌	compañero/a ⓜⓕ 동료
campo ⓜ 시골	tranquilo/a 평온한	alegre 즐거운, 기쁜	

4. 주어진 말로 최상급 문장을 만들어보세요.

보기

Ana, listo/a, las chicas → Ana es la más lista de las chicas.

① Aquella cafetería, caro/a, todos/as → ______________________________

② José, simpático/a, los chicos → ______________________________

5. 보기처럼 문장을 재구성하세요.

보기

Susana es guapa. → Susana es guapísima.

① Pedro recibe muchas cartas. → ______________________________

② Ella llega tarde. → ______________________________

6. 빈칸에 들어갈 말을 보기에서 골라 상황에 맞는 문장을 완성하세요.

보기

mejor　　peor　　mayor　　menor

①

Mi abuela es ________ que mi abuelo.

②

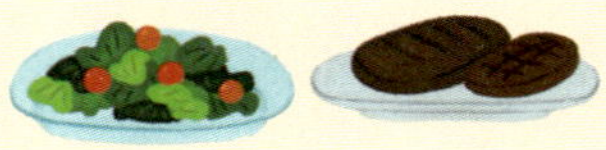

Las verduras son ________ que la carne para la salud.

③

La niña es la ________ de la familia.

④

José trabaja ________ que Álex.

listo/a 똑똑한　　verdura ⓕ 야채　　salud ⓕ 건강

Lección 5 Cantarán en la fiesta

Unidad 1

Iré si lo termino

10

Ana ¿Vas a ir a la fiesta de Leonardo?

Yuna No sé. Tengo un trabajo, pero si lo termino esta tarde, iré.

Ana ¿Me llamas si vas? Prefiero ir contigo.

Yuna De acuerdo. Por cierto, ¿sabes si Miguel va a la fiesta?

Ana Seguramente irá porque algunos amigos de Leonardo cantarán en la fiesta y Miguel también querrá hacerlo con ellos.

Yuna ¿Tenemos que llevar algo para la fiesta?

Ana Creo que no, pero después tendremos que ayudar a Leonardo a limpiar el salón. Tardarán horas si él lo hace solo.

Yuna Cómo no.

fiesta ⓕ 파티	terminar 끝내다	acuerdo ⓜ 동의, 합의	seguramente 확실히
después 다음에	ayudar 돕다	limpiar 청소하다	salón ⓜ 거실, 홀
tardar (시간이) 걸리다	cómo no 물론이지		

Gramática y expresiones 1

1. 미래시제

① 규칙형

동사의 유형과 상관없이 어미를 동사원형에 첨가한다.

동사원형 +	-é -ás -á -emos -éis -án	cenar**é**, cenar**ás**, cenar**á**, cenar**emos**, cenar**éis**, cenar**án** beber**é**, beber**ás**, beber**á**, beber**emos**, beber**éis**, beber**án** subir**é**, subir**ás**, subir**á**, subir**emos**, subir**éis**, subir**án**

② 불규칙형

동사의 어근이 변화하지만 어미는 규칙형과 동일하다.

decir	dir-		
hacer	har-		é
poder	podr-		ás
querer	querr-		á
saber	sabr-	+	emos
salir	saldr-		éis
tener	tendr-		án
venir	vendr-		
poner	pondr-		

Nota
hay 동사의 미래시제형 : habrá
No habrá nadie en casa esta tarde.

2. 가정문과 접속사 si

si + 현재시제, 현재시제 / 미래시제 / 명령형	Si quieres, puedes volver a casa. Si no salimos ahora, llegaremos tarde. Visita la Mezquita si vas a Córdoba.
saber, preguntar, decir + si	¿Sabes si viene Irene a la fiesta? Ana me pregunta si quieres ir al cine. ¿Me dice Ud. si hay un bar cerca?

Unidad 2 Me parece muy guapa

11

Minsu ¿Quién es la chica que está allí?

Miguel ¿La rubia?

Minsu No, la morena que está hablando con Ana.

Miguel Probablemente es una enfermera del hospital donde trabaja Leonardo.

Minsu Me parece muy guapa. Tendrá novio, ¿no crees?

Miguel ¿Por qué no vas y hablas con ella?
Me parece que te gusta mucho.

Minsu Vale. Voy a preguntarle cómo se llama.

Miguel ¡Venga!

rubio/a 금발머리의　moreno/a 갈색머리의　probablemente 아마도　enfermero/a ⓜⓕ 간호사
preguntar 질문하다　¡venga! 자! 어서!

Gramática y expresiones 2

1. 동사: parecer (~에게 ~라고 생각되다)

<table>
<tr><td>(A mí)</td><td>me</td><td rowspan="3">parece</td><td rowspan="6">+ (muy) 형용사
+ (muy) bien / mal</td><td rowspan="3">단수명사
동사원형</td></tr>
<tr><td>(A ti)</td><td>te</td></tr>
<tr><td>(A Ud. / él / ella)</td><td>le</td></tr>
<tr><td>(A nosotros/as)</td><td>nos</td><td rowspan="3">parecen</td><td rowspan="3">복수명사</td></tr>
<tr><td>(A vosotros/as)</td><td>os</td></tr>
<tr><td>(A Uds. / ellos / ellas)</td><td>les</td></tr>
</table>

¿Qué te parecen mis perros?
Este libro me parece muy difícil.
Me parece que te levantas tarde.
¿A Ud. le parece que cantamos bien?

Nota
Parece que va a llover.

2. 동사: pensar, opinar, creer (생각하다)

Pensamos sobre/en la forma de hacerlo.
Hoy no pienso salir.
¿Qué opinas sobre el cine coreano?
Creo que hará calor la próxima semana.

Nota
pensar : p**ie**nso, p**ie**nsas, p**ie**nsa
pensamos, pensáis, p**ie**nsan

3. 관계사: que, donde

대상을 다시 언급하지 않고 정보를 추가적으로 제공하는 구문을 이끈다.

Tengo un amigo. Él tiene un gato. → Tengo un amigo que tiene un gato.

① **que**: 사람, 동물, 사물 선행사에 대한 정보를 제공한다.
Alejandra es la chica que está hablando con Pablo.
El libro que tienes vale veinte euros.

② **donde**: 장소 선행사에 대한 정보를 제공한다.
La casa donde vivo no tiene jardín.
Estudio en una biblioteca donde hay poca gente.

Un poco de todo

1. 미래의 시간 표현

este mes / verano / año		esta noche / semana
el próximo lunes / mes / año		la próxima semana
el lunes / mes / año que viene		la semana que viene
dentro de + 숫자 + 년/월/주/일		en + 기간
pronto	luego / después / más tarde	mañana / pasado mañana

Pasado mañana mi padre llegará a casa.
María se casará dentro de unos meses.
Luego tendrás que limpiar la casa.
En un mes empezarán los exámenes.

2. 동의 표현

Estoy de acuerdo contigo/con Ud.
¡De acuerdo!
¡Vale! / ¡Está bien!
¡Eso es!
Opino como tú/Ud.
Tiene(s) razón.

3. 확신의 정도 표현

creer que ~ me/te/le/nos/os/les parece que ~	Creo que ella es inglesa. Me parece que ella es inglesa.
probablemente, posiblemente, tal vez	Ella es inglesa, posiblemente.
seguramente	Seguramente ella es inglesa.
seguro que	Seguro que ella es inglesa.

Ejercicios

1. 빈칸에 parecer 동사를 활용하여 문장을 완성하세요.

① ¿No te ______________ importante estudiar inglés?

② A mi padre le ______________ que estas actrices son muy guapas.

③ Me ______________ caras estas frutas.

2. 대답해보세요.

① ¿Qué te parece la gramática española?

② ¿Qué piensas sobre las chaquetas amarillas?

③ ¿Crees que va a llover?

④ ¿Qué opinas sobre la situación económica de Corea?

3. 주어진 동사를 미래시제로 활용하여 의미가 연결되는 문장을 만드세요.

① Si mañana hace buen tiempo,	a. no ______________ esperar (Uds. necesitar).
② Si hay poca gente,	b. ______________ a la playa (nosotros, ir).
③ Si te acuestas tarde,	c. mañana ______________ cansada (tú, estar).

4. 빈칸에 들어갈 말을 보기에서 골라 미래시제로 문장을 완성하세요.

보기

hacer　　volver　　dar　　ver　　llover

① Esta noche (yo) ______________ pronto del trabajo y ______________ un poco la tele.

② El sábado que viene Beatriz y Sergio ______________ una fiesta en su casa.

③ La próxima semana ______________ mucho y ______________ frío.

chaqueta ⓕ 자켓　　esperar 기다리다　　gente ⓕ 사람들

5. 보기처럼 관계사를 이용하여 대답해보세요.

보기
¿Qué es un cocinero? (Una persona. Prepara la comida.)
→Es una persona que prepara la comida.

① ¿Qué es una oficina de correos? (Un lugar. Enviamos cartas o paquetes.)

→ ______________________________

② ¿Qué es un piloto? (Una persona. Conduce aviones.)

→ ______________________________

③ ¿Qué es un quiosco? (Un lugar. Compramos periódicos.)

→ ______________________________

6. 두 개의 빈칸 중 적절한 곳에 si를 넣어 문장을 완성하세요.

① ________ comprará un piso ________ gana más dinero.

② ________ necesitas más dinero ________ puedes pedírmelo.

③ ________ no tienes abrigo ________ no puedes salir fuera.

7. 보기처럼 대답해보세요.

보기
¿Qué te parece salir por la noche? (peligroso) →Me parece peligroso.

① ¿Qué os parecen estos libros? (aburrido)

→ ______________________________

② ¿Qué les parece a ellas el viaje a España? (interesante)

→ ______________________________

③ ¿Qué te parecen estas playas? (limpio)

→ ______________________________

persona ⓕ 사람	correos ⓜ 우체국	lugar ⓜ 장소	enviar 부치다
paquete ⓜ 소포	conducir 운전하다	piso ⓜ 아파트	ganar 벌다, 이기다
abrigo ⓜ 코트	pedir 부탁하다	peligroso/a 위험한	

Perú_Titicaca 호수

Bolivia_Uyuni 소금사막

Lección 6 Ayer llegué tarde

Unidad 1 ¿Ha pasado algo?

Unidad 2 Ayer recibí una noticia muy buena

Unidad 1

¿Ha pasado algo?

12

Ana ¡Hola, mamá!

Madre ¡Hola, hija! Te he llamado tres veces. ¿Dónde has estado?

Ana He estado en la biblioteca y no he podido contestar. ¿Ha pasado algo?

Madre Es que tu hermano todavía no ha vuelto a casa y ya son las once y media. Lo he llamado varias veces y no contesta.

Ana Seguro que ha ido a cenar con sus amigos.

Madre ¿Te ha dicho algo?

Ana Sí, esta tarde he hablado con él. Pronto volverá, mamá.

Madre Bueno... Y tú, ¿qué tal estás?

Ana He tenido un día muy ocupado por los exámenes. Pero estoy bien.

Madre Me alegro, hija. Te llamaré luego. Un beso.

Ana Buenas noches, mamá.

vez ⓕ 차례, 번 | contestar 대답하다, 전화를 받다 | pasar 발생하다 | alegrarse 기쁘다

Gramática y expresiones 1

현재완료

지속 중인 현재 시점 내의 일이나 가까운 과거의 일, 경험을 표현한다.

yo	he
tú	has
Ud., él, ella	ha
nosotros/as	hemos
vosotros/as	habéis
Uds., ellos, ellas	han

\+ 과거분사

과거분사	
-ar	-er, -ir
어근 + -ado	어근 + -ido

cantado　　salido
estudiado　　ido / sido

불규칙형 과거분사					
hacer	hecho	decir	dicho	abrir	abierto
poner	puesto	volver	vuelto	leer	leído
escribir	escrito	ver	visto	romper	roto

La he visto hace una hora.
¿Ya ha terminado la clase?
¿Has estado alguna vez en México?
Este año no ha llovido mucho.
Todavía no me he duchado.
Lo he comido muchas veces.

가까운 과거를 나타내는 부사구
hace un rato / momento, hace poco, hace cinco minutos, etc.

현재를 포함하는 부사나 부사구
hoy, últimamente, este mes / año, esta mañana / semana / tarde / noche estos días / meses, ya, siempre, todavía no, etc.

경험의 유무나 횟수를 나타내는 부사나 부사구
alguna vez, algunas veces, muchas veces nunca, a veces, en toda mi vida, etc.

Unidad 2 Ayer recibí una noticia muy buena

13

E-mail

yuna@korea.com

Querida Yuna

¿Cómo estás?

La semana pasada Ana me contó un poco tu vida en Madrid.

Te escribo para contarte que ayer recibí una noticia muy buena.

Ya sabes que estoy buscando trabajo.

Por fin, ayer recibí una respuesta positiva de un banco
y dentro de una semana tengo que viajar a Bilbao para la entrevista.

Así que esta mañana he ido a algunas tiendas para comprar un traje.

El que compré hace dos años contigo ya está viejo.

Todavía no les he dicho nada a mis padres.

Quiero darles una sorpresa.

Yuna, si tienes tiempo, ¿puedes llamarme?

Un fuerte abrazo,

Ignacio

noticia ⓕ 소식　　buscar 찾다　　respuesta ⓕ 답변
entrevista ⓕ 인터뷰　　sorpresa ⓕ 놀라움　　abrazo ⓜ 포옹

Gramática y expresiones 2

단순과거

과거의 특정 시간에 단발적으로 발생하여 종결된 일을 표현한다.

① 규칙형

	-ar형 : cenar	-er형 : comer	-ir형 : vivir
yo	cen**é**	com**í**	viv**í**
tú	cen**aste**	com**iste**	viv**iste**
Ud., él, ella	cen**ó**	com**ió**	viv**ió**
nosotros/as	cen**amos**	com**imos**	viv**imos**
vosotros/as	cen**asteis**	com**isteis**	viv**isteis**
Uds., ellos, ellas	cen**aron**	com**ieron**	viv**ieron**

Nací en el año 2001.
¿A qué hora te acostaste anoche?
La semana pasada llovió toda la semana.

② 불규칙형

estar	estuv	+	-e
tener	tuv		-iste
poder	pud		-o
poner	pus		-imos
querer	quis		-isteis
saber	sup		-ieron
venir	vin		

decir	dar	hacer	ir / ser
dije	di	hice	fui
dijiste	diste	hiciste	fuiste
dijo	dio	hizo	fue
dijimos	dimos	hicimos	fuimos
dijisteis	disteis	hicisteis	fuisteis
dijeron	dieron	hicieron	fueron

Hace dos años hice varios viajes a Europa.
Alfonso fue a Granada en 2014.
Mis gatos tuvieron mucha hambre ayer.

Nota
hay 동사의 단순과거형 : hubo
Ayer hubo muchos clientes.

종결된 과거를 나타내는 부사나 부사구
ayer, anteayer, anoche, hace + 기간 la semana pasada, el mes / año pasado, en + 년 / 월 / 계절, etc.

Un poco de todo

1. 전화 통화

¿Diga? / ¿Dígame?
¿Hola? / ¿Aló? / ¿Sí?

¿De parte de quién?
¿Con quién hablo?
¿Quién habla / llama?

Un momento, por favor.
Sí, ahora se pone.
No está en este momento.

¿Quiere(s) dejar algún mensaje?
No es aquí.
Está(s) equivocado/a.

De parte de Ana
(Habla) Con Ana.
Habla / llama Ana.
Soy Ana.

¿Está Miguel Torres?
¿Me pone con Miguel Torres?

2. 빈도 표현

	nunca	No he probado nunca la paella.
−	casi nunca	Casi nunca como carne.
⇩	a veces	Voy a bailar a veces.
	a menudo / frecuentemente	Veo al Sr. Tévez a menudo.
+	casi siempre	Desayuno casi siempre en un bar.
	siempre	Siempre me levanto temprano.

Ejercicios

1. ¿Qué ha pasado hoy?

① Hoy no te ________________ todo el día. (yo, ver)

② ¿Quién ________________ estas cosas aquí? (poner)

③ Le ________________ toda la verdad. (nosotros, decir)

2. 주어진 동사를 현재완료나 단순과거시제로 활용하여 문장을 완성하세요.

① Carlos ________________ un regalo hace poco. (recibir)

② ¿Qué ________________ ayer por la tarde? (tú, hacer)

③ A : ¿ ________________ en China alguna vez? (vosotros, estar)

B : Sí, ________________ el año pasado. (nosotros, estar)

Nos ________________ el país. (gustar)

3. Ana의 지난주 일정표를 보고 요일마다 한 일을 단순과거시제로 써보세요.

lunes
comer con Julia e Irene

martes
ir al médico

miércoles
jugar al tenis

jueves
terminar el trabajo de español

viernes
tocar la guitarra

sábado
hacer la compra

domingo
escribir cartas a los primos

El lunes ________________________ y el martes ________________________

El miércoles ________________________ y el jueves ________________________

El viernes ________________________ y el sábado ________________________

El domingo ________________________

regalo ⓜ 선물　　　país ⓜ 나라

4. 빈칸에 주어진 동사를 활용한 다음 의미가 연결되는 문장을 만드세요.

① El lunes pasado ___________ (yo, estar)
② Ayer ___________ (nevar) e ___________ (hacer)
③ El domingo pasado ___________ (vosotros, ir)
④ Hace 10 años no me ___________ (gustar)

a. a la playa.
b. los colores rojo y azul.
c. en casa de Ana.
d. mucho frío.

5. 빈칸에 주어진 말들을 적절히 조합한 질문을 써보세요.

① A : ¿___________________________________? (alguna vez, en Cuba, estar, tú)
B : Yo no, pero mi madre sí. Dice que es un país hermoso.

② A : ¿___________________________________? (terminar, tú, ya)
B : Perdón, ¿puedes esperar un minuto? Solo tengo que terminar esto.

③ A : ¿___________________________________? (esta mañana, desayunar, vosotros)
B : Nosotros sí, unas tostadas, ¿y tú?

④ A : ¿___________________________________? (escribir, Ud., nunca, una novela)
B : No, algún día quiero hacerlo.

6. 주어진 동사를 활용하여 보기처럼 문장을 완성하세요.

보기
Yo no he dicho eso.

① Nosotras no _______________ una cosa así. (hacer)
② ¿_______________ aquí los libros después de la clase? (tú, poner)
③ ¿_______________ ustedes mi película? (ver)
④ ¿Por qué _______________ tan temprano? (tú, volver)
⑤ Ud. no me _______________ la carta. (escribir)
⑥ En esta calle _______________ un restaurante coreano. (ellos, abrir)

hermoso/a 아름다운 | tostada ⓕ 토스트 | cosa ⓕ 물건 | así 그러한

México_Teotihuacán_Pirámide de la Luna

Perú_Titicaca 호수

Lección 7 ¿Cómo eras de niña?

Unidad 1 **Me gustaba mucho jugar**

Unidad 2 **Había mucha gente**

Me gustaba mucho jugar

14

Miguel	Mira esta foto. Esta es mi abuela cuando era joven.
Yuna	¡Qué guapa!
Miguel	Gracias. De joven, siempre tenía el pelo largo y llevaba minifalda.
Yuna	¿Cuántos años tenía entonces?
Miguel	Creo que tenía veinte años.

* * *

Yuna	Miguel, ¿qué te gustaba hacer de pequeño?
Miguel	A mí me gustaba mucho jugar con mis amigos. Jugábamos mucho al fútbol. Y a ti, ¿qué te gustaba de niña?
Yuna	Me encantaban los videojuegos. También leía cómics. Mi mamá me los compraba a menudo.
Miguel	¿No hacías deporte?
Yuna	Sí, practicaba taekwondo. A veces jugaba al ping-pong con mi familia.

jugar 놀다, 운동을 하다
entonces 그때는
practicar 연습하다
largo/a 긴
videojuego ⓜ 비디오게임
minifalda ⓕ 미니스커트
a menudo 자주

Gramática y expresiones 1

불완료과거

① 규칙형

	-ar: hablar	-er: comer	-ir: vivir
yo	habl**aba**	com**ía**	viv**ía**
tú	habl**abas**	com**ías**	viv**ías**
Ud., él, ella	habl**aba**	com**ía**	viv**ía**
nosotros/as	habl**ábamos**	com**íamos**	viv**íamos**
vosotros/as	habl**abais**	com**íais**	viv**íais**
Uds., ellos, ellas	habl**aban**	com**ían**	viv**ían**

② 불규칙형

	ser	ir	ver
yo	**era**	**iba**	ve**ía**
tú	**eras**	**ibas**	ve**ías**
Ud., él, ella	**era**	**iba**	ve**ía**
nosotros/as	**éramos**	**íbamos**	ve**íamos**
vosotros/as	**erais**	**ibais**	ve**íais**
Uds., ellos, ellas	**eran**	**iban**	ve**ían**

과거의 반복적이거나 습관적인 행위

De joven yo quería ser cantante.

Antes te levantabas temprano.

Cuando erais pequeños, os gustaba comer dulces.

Nota

estar의 불완료과거 + 현재분사: ~하는 중이었다

Ella estaba cenando.

과거의 진행 중인 상태나 상황 묘사

¿Cómo eras de niña?

Cuando me llamaste, estaba estudiando en casa.

Eran las seis de la tarde. Llovía mucho y había poca gente en la calle.

과거의 기간을 나타내는 표현과 빈도부사
antes, de pequeño / niño / joven, cuando era pequeño / niño / joven cuando tenía quince años siempre, normalmente, muchas veces, a menudo, a veces

Unidad 2 Había mucha gente

15

Mónica Te llamé anoche y no me contestaste. ¿Dónde estabas?

Yuna Fui a la fiesta de cumpleaños de Ana. No oí el móvil porque el volumen de la música era alto.

Mónica ¿Cómo fue la fiesta?

Yuna Fue divertida.

Mónica ¿Había mucha gente?

Yuna Sí, había unos quince invitados.

Mónica ¿Conociste a alguien interesante?

Yuna Sí, conocí a Jorge, un primo de Ana.

Mónica ¿Ah, sí? ¿Cómo era el chico?

Yuna Pues, era un poco tímido, pero muy atractivo.

llamar 전화하다
cumpleaños ⓜ 생일
volumen ⓜ 볼륨, 음량
anoche 어젯밤
invitado/a ⓜⓕ 손님
atractivo/a 매력있는
alto/a 높은
oír 듣다
divertido/a 재미있는
tímido/a 내성적인

Gramática y expresiones 2

단순과거와 불완료과거 비교

단순과거	불완료과거
일회성 행위 Ayer **fui** al cine. Mi mamá me **llamó** el lunes pasado. Me **gustó** la película que **vimos** ayer. Yo **vi** un gato en la calle.	반복적 행위, 습관 Antes yo **iba** al cine los domingos. Mi mamá me **llamaba** todos los días. De pequeña no me **gustaban** las películas de terror. Yo **veía** la televisión todas las tardes.
종결된 일을 서술 Yo **viví** en Japón dos años. Ayer ella **estudió** cinco horas. El lunes pasado **descansé** todo el día. Anoche **llovió** mucho pero hoy hace sol.	상황 안에서 서술(행위의 지속) De joven yo **vivía** en Japón. **Eran** las dos y ella **estudiaba**. Cuando me **llamaste**, **descansando**. **Llovía** mucho y **hacía** calor.
결론, 사후 종합적 판단 Ayer **fui** a una fiesta. **Fue** divertida. ¿Cómo **fue** el viaje? – **Fue** fantástico. Picasso **fue** un gran pintor. Mi abuela **fue** una persona maravillosa.	묘사(상태의 지속) El chico que **conocí** ayer **era** divertido. **Había** mucha gente en el aeropuerto. De joven **tenía** mucho pelo. Mi abuela **era** alta, inteligente y alegre.

Un poco de todo

Esa mujer

Los Brincos (España)

Eran las seis.
Yo esperaba a mi amiga.
Me vino a ver
a decir que se iba.
Le dije adiós.
Sentí frías sus manos.
Comenzaba a llover.

Ya pasó algún tiempo.
Me enseñó a querer.
Yo era casi un niño
y ella una mujer.
Todos la miraban,
yo lo hice otra vez,
cuando se alejó
llevándose mi ayer.

Llegó el final
y yo sigo llorando.
¿Por qué se fue
la que quise yo tanto?
Esa mujer
y las noches pasadas
no las olvidaré.

comenzar 시작하다	**enseñar** 가르치다	**alejarse** 멀어지다
llevarse 가져가다	**olvidar** 잊다	

Ejercicios

1. 주어진 동사를 불완료과거 시제로 활용하여 문장을 완성하세요.

① Antes yo ________________ con mis padres. (vivir)

② De joven, mi madre ________________ delgada. (ser)

③ De niña, no te ________________ las verduras. (gustar)

④ Nosotros ________________ mucha hambre. (tener)

⑤ Cuando vosotros ________________ pequeños, no ________________ pollo. (ser, comer)

2. 주어진 동사를 불완료과거 시제로 활용하여 글을 완성하세요.

________________ (ser) las siete de la mañana. ________________ (hacer) frío y ________________ (nevar) mucho. No ________________ (haber) nadie más en la biblioteca. Gabriela ________________ (estudiar) sola. Ella ________________ (querer) tomar café porque ________________ (tener) sueño.

3. 보기처럼 문장을 만들어보세요.

보기

Pedro vive en el pueblo. (en la ciudad) - Antes vivía en la ciudad.

① Juan tiene dos gatos. (un perro) → ________________

② Vienen en bicicleta. (en metro) → ________________

③ Allí hay una tienda de móviles. (una librería) → ________________

④ Me levanto temprano. (tarde) → ________________

⑤ Estudiamos español. (inglés) → ________________

delgado/a 마른
biblioteca ⓕ 도서관
pueblo ⓜ 시골
bicicleta ⓕ 자전거
tarde 늦게

4. 알맞은 과거형을 선택하세요.

① ¿Cómo (fue / era) la fiesta del viernes? - Divertida.

② ¿Cómo (fue / era) María de niña? - Muy alegre.

③ Cervantes (fue / era) un gran escritor.

④ Mi primer día de escuela (fue / era) un poco duro.

5. 알맞은 과거형을 선택하세요.

① Yo antes (llevé / llevaba) falda corta.

② Carlos (vivió / vivía) en Corea tres años.

③ Nosotros (conocimos / conocíamos) a Lola en la clase de inglés.

④ Cuando me (llamó / llamaba) usted, yo (estuve / estaba) en la oficina.

⑤ ¿Qué (hiciste / hacías) tú cuando llegaron tus amigos?

6. 주어진 동사를 단순과거나 불완료과거 중 하나로 활용하여 문장을 완성하세요.

Mi hermano Enrique tiene quince años. Le encanta el fútbol. Antes él ______________ (ser) más bajo que yo, pero ahora es mucho más alto que yo. Ayer ______________ (ser) su cumpleaños. Yo le ______________ (dar) de regalo una camiseta de F. C. Barcelona y mis padres le ______________ (comprar) unos zapatos de deporte. De niño Enrique ______________ (decir) muchas veces que ______________ (querer) ser futbolista.

grande 위대한	escritor(a) ⓜⓕ 작가	duro/a 힘든, 어려운
ayer 어제	camiseta ⓕ 티셔츠	zapato ⓜ 신발

Argentina Patagonia_Torres del Paine

Argentina_Iguazú 폭포

Lección 8 Ya había salido el tren

Unidad 1 Yo había aprendido español

Unidad 2 Acabo de comprar una moto

Unidad 1

Yo había aprendido español

16

Ana Cuando viniste a España, ¿ya habías aprendido español?

Yuna Sí, yo había aprendido español en la universidad.

Ana ¿Te gustaba aprenderlo?

Yuna Sí, mucho.

Ana El semestre pasado tomé un curso de chino, pero no aprobé.

Yuna ¿Por qué? Pensé que te gustaba mucho el chino.

Ana Es que aquel día me levanté tarde porque había estudiado hasta las tres de la madrugada. Cuando llegué a la clase, ya había empezado el examen y no me dejaron entrar.

Yuna ¡Qué lástima!

Ana Bueno, aprendí la lección. Nunca más llegaré tarde.

semestre ⓜ 학기 | tomar 수강하다 | curso ⓜ 강좌 | aprobar 합격하다
madrugada ⓕ 새벽 | examen ⓜ 시험 | dejar ~하도록 내버려두다 | lástima ⓕ 안타까움, 유감
lección ⓕ 과, 교훈 | nunca 절대로 ~ 않다

Gramática y expresiones 1

과거완료

yo	había	
tú	habías	
Ud., él, ella	había	+ 과거분사
nosotros/as	habíamos	
vosotros/as	habíais	
Uds., ellos, ellas	habían	

Cuando llegué a la estación, el tren ya había salido.

El tren salió. Yo llegué a la estación ahora

Llegué a tiempo porque había salido de casa temprano.
Ayer no pudimos comprar más porque habíamos gastado todo el dinero.
Cuando Javier llegó a la casa de sus padres, ellos todavía no se habían levantado.

A ¿Por qué no aprobaste matemáticas?
B Porque no había estudiado nada.

A Ayer vi a Sara, pero no sabía que era ella.
B Yo tampoco, porque se había cortado el pelo.

Unidad 2 Acabo de comprar una moto

17

Miguel ¡Por fin, se acabó el semestre! Me alegro mucho de empezar las vacaciones ya.

Ana Sí, yo también, pero estoy preocupada. Los exámenes finales fueron dificilísimos.

Miguel Mejor no vamos a hablar de eso, por favor. No quiero preocuparme por las notas. Por cierto, ¿qué vas a hacer en las vacaciones?

Ana Voy a trabajar en un restaurante italiano. Necesito dinero porque acabo de comprar una moto. Y tú, ¿qué plan tienes?

Miguel Yo voy a enseñar a los niños a esquiar en un campamento de esquí. Y después de eso, voy a aprender a conducir.

por fin 드디어	acabarse 끝나다	ya 이제	preocupado/a 걱정하는
final 마지막의	mejor 차라리	campamento ⓜ 캠프	esquí ⓜ 스키

Gramática y expresiones 2

전치사와 함께 쓰는 동사들

aprender a + 동사원형: ~하는 것을 배우다

Ellos aprenden a bailar salsa.

El mes pasado aprendí a nadar.

enseñar a + 동사원형: ~하는 것을 가르치다

Yo enseño a tocar el piano.

Ella me enseña a cocinar.

ayudar a + 동사원형: ~하는 것을 돕다

Yo te ayudo a terminar la tarea.

¿Puedes ayudarme a lavar los platos?

dejar de + 동사원형: ~하기를 그만두다

Quiero dejar de acostarme tarde.

Dejé de tomar café porque no podía dormir en la noche.

acabar de + 동사원형: 방금 ~을 하다

No tengo hambre. Acabo de comer.

Ella no está aquí. Acaba de salir.

alegrarse de + 동사원형: ~을 해서 기뻐하다

Me alegro mucho de verte.

Los niños se alegraron de recibir regalos.

preocuparse de / por + 명사: ~에 대해 걱정하다

¿De qué te preocupas?

Ella se preocupa mucho por su perro enfermo.

Un poco de todo

Hola, Miguel.

Miguel

Hola, Ana, ¿cómo estás?

Bien, ¿y tú?

Miguel

Bien. Todavía estoy en el campamento de esquí. Enseñar a esquiar no es fácil, pero estoy contento porque me gusta trabajar con los niños.

Ya sabes que todavía no he aprendido a esquiar. ¿Me puedes enseñar a esquiar algún día?

Miguel

¡Claro! Con mucho gusto. ¿Qué tal tu trabajo en el restaurante? Seguro que comes mucha comida italiana, ¿verdad?

Sí, me gusta trabajar en este restaurante, porque puedo comer pizza y pasta todos los días. :-)

Miguel

¡Qué bien! Por cierto, a veces me preocupo por ti, porque andar en moto puede ser peligroso.

Gracias, pero no voy muy rápido cuando voy en moto. Así que puedes estar tranquilo.

Miguel

Bien. Voy a dejar de preocuparme. Espero verte pronto. Un abrazo. Adiós.

Ejercicios

1. 보기와 같이 문장을 완성하세요.

보기

La película empezó. Llegué al cine.

: Cuando llegué al cine, la película ya había empezado.

① El banco cerró. María llegó.

: ______________________________

② Dejó de llover. Salimos de casa.

: ______________________________

③ Mi hermano comió toda la pizza. Regresé a casa.

: ______________________________

2. 원인과 결과를 알맞게 짝지은 후 보기와 같이 문장을 완성하세요.

보기

No tuve buenas notas. / no estudiar mucho.

No tuve buenas notas porque no había estudiado mucho.

① No te pude contestar.

② Aprobaste el examen.

③ Llegaron tarde.

④ Le dolió el estómago toda la noche.

a. comer demasiado.

b. levantarse tarde.

c. estudiar mucho.

d. dejarse el móvil en casa.

3. 주어진 동사를 단순과거와 과거완료를 활용하여 문장을 완성하세요.

① Cuando ____________(llegar) el padre, los hijos todavía no ____________. (acostarse)

② Yo todavía no ____________ la habitación cuando me ____________ una amiga mía. (limpiar, visitar)

③ Cuando me ____________ Pablo, yo no ____________ todavía. (llamar, levantarse)

④ Rocío todavía no ____________ su trabajo cuando ____________ un mensaje de su novio. (acabar, recibir)

cerrar 닫다 **dejarse** 두고 나오다 **mensaje** ⓜ 메시지

4. 빈칸에 알맞은 전치사를 넣어 문장을 완성하세요.

① Me alegro ____________ estar aquí con vosotros.

② Ellos se preocupan mucho ____________ su hija enferma.

③ ¿Me ayudas ____________ abrir esta botella, por favor?

④ Tienes que dejar ____________ fumar.

⑤ Aprendí ____________ conducir el año pasado.

⑥ Te enseñamos ____________ tomar buenas fotos.

⑦ Acabo ____________ recibir un mensaje de Fernando.

5. 그림을 보고 빈칸에 들어갈 동사를 보기에서 골라 현재시제로 문장을 완성하세요.

보기

alegrarse de	aprender a	enseñar a

①

②

③

① Ella ____________________ tocar el piano.

② Ella le ____________________ montar en bicicleta a su hermano.

③ Ella ____________________ acabar la carrera por fin.

fumar 담배 피우다
tocar 연주하다, 만지다
pasado/a 지난
montar 타다
tomar (사진을) 찍다
carrera ⓕ 학위과정, 경주

Lección 9 Siga recto

Unidad 1

Tome la primera calle

18

Minsu Perdone. ¿Sabe dónde está el mercado de San Juan?

Señora Sí, mira. Sigue todo recto hasta la primera calle y gira a la derecha. Luego, camina todo recto hasta la calle de Rosales y gira a la izquierda. Al final de esa calle está el mercado.

Minsu Entonces... sigo recto y tomo la primera calle a la derecha. Luego, camino todo recto y tomo la calle de Rosales. Allí giro a la izquierda.

Señora Exacto.

Minsu Muchas gracias.

Yuna Buenas tardes. Lléveme a esta dirección, por favor.

Taxista Sí, señorita. (...) Ya casi llegamos. ¿Ahora hacia dónde voy?

Yuna Gire a la derecha por favor y siga todo recto. ¿Ve usted aquella casa azul? Pare allí, por favor.

perdonar 용서하다	mercado ⓜ 시장	exacto/a 정확한	recto 곧장
seguir 계속하다, 계속 가다 (sigo sigues sigue seguimos seguís siguen)			girar 돌다
caminar 걷다	llevar 데려가다	taxista ⓜⓕ 택시기사	hacia ~쪽으로
parar 멈추다			

Gramática y expresiones 1

긍정명령형

① 규칙동사

	-ar: hablar	-er: comer	-ir: abrir
tú	habl**a**	com**e**	abr**e**
Ud.	habl**e**	com**a**	abr**a**
nosotros/as	habl**emos**	com**amos**	abr**amos**
vosotros/as	habl**ad**	com**ed**	abr**id**
Uds.	habl**en**	com**an**	abr**an**

② 불규칙동사

	dar	ser	ver	ir
tú	da	**sé**	**ve**	**ve**
Ud.	**dé**	**sea**	**vea**	**vaya**
nosotros/as	demos	**seamos**	**veamos**	**vayamos**
vosotros/as	dad	sed	ved	id
Uds.	den	**sean**	**vean**	**vayan**

decir	hacer	poner	salir	tener	venir
di	**haz**	**pon**	**sal**	**ten**	**ven**
diga	**haga**	**ponga**	**salga**	**tenga**	**venga**
digamos	**hagamos**	**pongamos**	**salgamos**	**tengamos**	**vengamos**
decid	haced	poned	salid	tened	venid
digan	**hagan**	**pongan**	**salgan**	**tengan**	**vengan**

Mira estas fotos.　　Haz la cama.　　Seamos optimistas.

재귀대명사나 목적대명사는 명령형 뒤에 붙여 쓰고, 동사의 강세 위치가 달라질 경우 원래 강세 위치에 부호를 첨가한다.

Levántate ahora mismo.　　Hazlo.

Acuéstense temprano.　　Cómpramela.

Nota

재귀동사의 vosotros/as에 대한 명령형은 어미 -d를 생략한다:
Lavaos las manos.

Unidad 2 No te preocupes

19

Miguel Mamá, ¿puedes llevarme a la casa de Ana, por favor?
No puedo ir en metro porque llevo mi guitarra y la piñata.

Carmen Bien, espera un rato. Voy por la llave del coche.

* * *

Ya llegamos a la casa de tu amiga.

Miguel Gracias, mamá.

Carmen No bebas mucho, hijo.

Miguel No te preocupes, tomaré unas copas nada más.

Carmen Diviértete, nos vemos luego.

Miguel Hasta luego, mamá.

piñata ⓕ 피냐타 **rato** ⓜ 잠깐 **copa** ⓕ 잔
divertirse 즐기다(me div**ie**rto, te div**ie**rtes, se div**ie**rte, nos divertimos, os divertís, se div**ie**rten)

Gramática y expresiones 2

부정명령형

① 규칙형

	-ar: hablar	-er: comer	-ir: abrir
tú	no habl**es**	no com**as**	no abr**as**
Ud.	no habl**e**	no com**a**	no abr**a**
nosotros/as	no habl**emos**	no com**amos**	no abr**amos**
vosotros/as	no habl**éis**	no com**áis**	no abr**áis**
Uds.	no habl**en**	no com**an**	no abr**an**

② 불규칙동사

	dar	ser	ver	ir
tú	no des	no **seas**	no **veas**	no **vayas**
Ud.	no **dé**	no **sea**	no **vea**	no **vaya**
nosotros/as	no demos	no **seamos**	no **veamos**	no **vayamos**
vosotros/as	no **deis**	no **seáis**	no **veáis**	no **vayáis**
Uds.	no den	no **sean**	no **vean**	no **vayan**

decir	hacer	poner	salir	tener	venir
no **digas**	no **hagas**	no **pongas**	no **salgas**	no **tengas**	no **vengas**
no **diga**	no **haga**	no **ponga**	no **salga**	no **tenga**	no **venga**
no **digamos**	no **hagamos**	no **pongamos**	no **salgamos**	no **tengamos**	no **vengamos**
no **digáis**	no **hagáis**	no **pongáis**	no **salgáis**	no **tengáis**	no **vengáis**
no **digan**	no **hagan**	no **pongan**	no **salgan**	no **tengan**	no **vengan**

No hables mal de los demás.

No salgas ahora.

No seáis pesimistas.

No vean tanto la televisión.

동사의 부정명령형은 재귀대명사나 목적대명사 뒤에 쓴다.

No os acostéis tan tarde.

No lo hagas.

No te pongas ese abrigo. Está sucio.

No me lo diga.

Un poco de todo

1. 명령형 감탄사

¡Vaya! 어머나! 아이고!
¡Vaya! ¡Qué sorpresa!

¡Venga! 자! 어서 해봐!
¡Venga! Cántame una canción.

¡Anda! 어머나! 자! 제발! 어서 해봐!
¡Anda, invítame un helado!

¡No me digas! 그럴 리가!
¡No me digas! No lo puedo creer.

¡Viva/Vivan! 만세!
¡Viva Corea!
¡Vivan los novios!

2. 명령의 의미로 쓸 수 있는 표현

a + 동사 원형
¡Niños, a comer!
¡A estudiar!

동사 원형
No fumar.
No tomar fotos.

Ejercicios

1. 주어진 동사를 tú에 대한 명령형으로 활용하여 문장을 완성하세요.

Reglas de la biblioteca

① ____________ los libros que has leído encima de la mesa. (poner)

② ____________ en voz baja. (hablar)

③ ____________ y ____________ fuera de la biblioteca. (comer, beber)

④ No ____________ (correr).

⑤ Antes de salir ____________ las sillas como estaban. (dejar)

⑥ No ____________ en los libros. (escribir)

2. 동사원형을 보기와 같이 긍정명령형과 부정명령형으로 바꿔보세요.

보기
(tú) abrir la puerta. → Abre la puerta. / No abras la puerta.

① (Ud.) vender la casa → ____________

② (vosotros) salir ahora → ____________

③ (Uds.) cerrar las ventanas → ____________

④ (tú) hacer la tarea → ____________

3. 다음 문제에 대한 적절한 충고를 찾아 짝지어 보세요.

① Tengo mucha hambre. •
② Estoy muy cansada. •
③ Mañana tengo que levantarme temprano. •
④ Estoy preocupado por los exámenes. •

• a. Descansa un rato.
• b. Estudia mucho.
• c. Come algo.
• d. No te acuestes tarde.

regla ⓕ 규칙 bajo/a 낮은 correr 뛰다 puerta ⓕ 문

4. 보기와 같이 반대의 뜻으로 바꿔 말해보세요.

보기
Dámela. → No me la des.
No me lo digas. → Dímelo.

① Pásamela.

② Comprádmelos.

③ Espéreme.

④ Acuéstate.

⑤ No me mires.

⑥ No se lo den.

⑦ No se levanten.

⑧ No te vayas.

5. 지도를 보고 보기에서 알맞은 말을 골라 Alejandro에게 길을 안내하세요.

보기
seguir girar tomar caminar (todo) recto a la derecha a la izquierda

① el cine
② el mercado
③ el hospital

pasar 전달하다
supermercado ⓜ 슈퍼마켓

Apéndice

연습문제 정답 Claves

동사변화표 Tablas de conjugación

어휘 목록 Vocabulario

Claves

Lección 1

1 ① les gusta ② os gustan ③ le encanta ④ te gustan

2 ① F ② V ③ V ④ F

3 ① algo ② nadie ③ alguna ④ nada

4 ① tampoco ② también ③ también ④ sí ⑤ no

5 ① Es naranja. ② Son rojas. ③ Son amarillos. ④ Es el azul. (또는 좋아하는 다른 색)

Lección 2

1 ① le duele ② te queda ③ me duelen ④ Le apetece ⑤ nos molesta

2 ① valen / cuestan ciento cuarenta pesos.
② vale doscientos veinticinco euros.
③ vale siete mil quinientos euros.
④ vale cuatrocientos cincuenta euros.

3 Carmen - Minsu - Antonio - Ana - Miguel

4 ④, ②, ⑥, ⑦, ⑤, ⑧, ③, ① (또는 ④, ②, ⑤, ⑧, ⑥, ⑦, ③, ①)

Lección 3

1 ① nos ② Te ③ Os ④ me

2 ① mío ② nuestra ③ suyos ④ suyas

3 ① se despierta ② lava ③ acuesta ④ se baña

4 ① el tuyo ② la suya ③ las mías ④ el nuestro ⑤ la suya

5 ① amamos ② se aman ③ se saludan ④ conoce

6 ① ¿Te las pones para estudiar?
② Los coreanos se los quitan en casa.
③ Vamos a lavárnosla.
④ Hay que ponérselo para ir a algunos restaurantes.

Lección 4

1 ① comiendo ② viendo ③ durmiendo

2 ① más, que ② más, que ③ menos, que ④ más, que

3 ① Mis primas preparan la paella fácilmente.
② Mis compañeros viven en el campo tranquilamente.
③ La niña canta con sus amigos alegremente.

4 ① Aquella cafetería es la más cara de todas.
② José es el más simpático de los chicos.

5 ① Pedro recibe muchísimas cartas.
② Ella llega tardísimo.

6 ① mayor ② mejores ③ menor ④ peor

Lección 5

1 ① parece ② parece ③ parecen

2 ① Me parece fácil (divertida, difícil, etc.).
② Pienso que son bonitas (geniales, feas, horribles, etc.)
③ No, creo que no va a llover. / Sí, creo que va a llover.
④ Opino que es mala (crítica, buena, etc.)

3 ①-b. iremos ②-a. necesitarán ④-c. estarás

4 ① volveré, veré ② darán ③ lloverá, hará

5 ① Es un lugar donde enviamos cartas o paquetes.
② Es una persona que conduce aviones.
③ Es un lugar donde compramos periódicos.

6 ① Comprará un piso si gana más dinero.
② Si necesitas más dinero, puedes pedírmelo.
③ Si no tienes abrigo, no puedes salir fuera.

7 ① Nos parecen aburridos. ② Les parece interesante.
③ Me parecen limpias.

Lección 6

1 ① he visto ② ha puesto ③ hemos dicho

2 ① ha recibido ② hiciste ③ Habéis estado, estuvimos, gustó

3 El lunes comió con Julia e Irene y el martes fue al médico. El miércoles jugó al tenis y el jueves terminó el trabajo de español. El viernes tocó la guitarra y el sábado hizo la compra. El domingo escribió cartas a los primos.

4 ① estuve – c ② nevó, hizo – d ③ fuisteis – a ④ gustaron – b

5 ① ¿Has estado alguna vez en Cuba? ② ¿Ya has terminado? ③ ¿Habéis desayunado esta mañana? ④ ¿No ha escrito Ud. nunca una novela?

6 ① hemos hecho ② Has puesto ③ Han visto ④ has vuelto ⑤ ha escrito ⑥ han abierto

Lección 7

1 ① vivía ② era ③ gustaban ④ teníamos ⑤ erais, comíais

2 Eran, Hacía, nevaba, había, estudiaba, quería, tenía

3 ① Antes tenía un perro. ② Antes venían en metro. ③ Allí antes había una librería. ④ Antes me levantaba tarde. ⑤ Antes estudiábamos inglés.

4 ① fue ② era ③ fue ④ fue

5 ① llevaba ② vivió ③ conocimos ④ llamó, estaba ⑤ hacías

6 era, fue, di, compraron, decía, quería

Lección 8

1 ① Cuando María llegó, el banco ya había cerrado. ② Cuando salimos de casa, ya había dejado de llover. ③ Cuando regresé a casa, mi hermano ya había comido toda la pizza.

2 ①-d. No te pude contestar porque me había dejado el móvil en casa.
②-c. Aprobaste el examen porque habías estudiado mucho.
③-b. Llegaron tarde porque se habían levantado tarde.
④-a. Le dolió el estómago toda la noche porque había comido demasiado.

3 ① llegó, se habían acostado ② había limpiado, visitó ③ llamó, me había levantado
④ había acabado, recibió

4 ① de ② de / por ③ a ④ de ⑤ a ⑥ a ⑦ de

5 ① aprende a ② enseña a ③ se alegra de

Lección 9

1 ① Pon ② Habla ③ Come, bebe ④ corras ⑤ deja ⑥ escribas

2 ① Venda la casa. / No venda la casa ② Salid ahora. / No salgáis ahora.
③ Cierren las ventanas. / No cierren las ventanas. ④ Haz la tarea. / No hagas la tarea.

3 ①-c ②-a ③-d ④-b

4 ① No me la pases. ② No me los compréis. ③ No me espere.
④ No te acuestes. ⑤ Mírame. ⑥ Dénselo.
⑦ Levántense. ⑧ Vete.

5 ① Camina todo recto.
② Sigue recto. Toma la primera calle a la izquierda.
③ Sigue recto hasta la segunda calle. Gira a la derecha. Está al lado del banco.

Tablas de conjugación

규칙동사

	현재	불완료과거	단순과거	미래	명령형
amar amando amado	amo amas ama amamos amáis aman	amaba amabas amaba amábamos amabais amaban	amé amaste amó amamos amasteis amaron	amaré amarás amará amaremos amaréis amarán	ama ame amemos amad amen
comer comiendo comido	como comes come comemos coméis comen	comía comías comía comíamos comíais comían	comí comiste comió comimos comisteis comieron	comeré comerás comerá comeremos comeréis comerán	come coma comamos comed coman
vivir viviendo vivido	vivo vives vive vivimos vivís viven	vivía vivías vivía vivíamos vivíais vivían	viví viviste vivió vivimos vivisteis vivieron	viviré vivirás vivirá viviremos viviréis vivirán	vive viva vivamos vivid vivan

유형별 불규칙동사

	현재	불완료과거	단순과거	미래	명령형
andar andando andado	ando andas anda andamos andáis andan	andaba andabas andaba andábamos andabais andaban	anduve anduviste anduvo anduvimos anduvisteis anduvieron	andaré andarás andará andaremos andaréis andarán	anda ande andemos andad anden
caer cayendo caído	caigo caes cae caemos caéis caen	caía caías caía caíamos caíais caían	caí caiste cayó caímos caísteis cayeron	caeré caerás caerá caeremos caeréis caerán	cae caiga caigamos caed caigan

conducir (c>o, a 앞에서 zc) conduciendo conducido	conduzco conduces conduce conducimos conducís conducen	conducía conducías conducía conducíamos conducíais conducían	conduje condujiste condujo condujimos condujisteis condujeron	conduciré conducirás conducirá conduciremos conduciréis conducirán	conduce conduzca conduzcamos conducid conduzcan
동일 유형의 동사	introducir, producir, traducir, etc.				
dar dando dado	doy das da damos dais dan	daba dabas daba dábamos dabais daban	di diste dio dimos disteis dieron	daré darás dará daremos daréis darán	da dé demos dad den
decir diciendo dicho	digo dices dice decimos decís dicen	decía decías decía decíamos decíais decían	dije dijiste dijo dijimos dijisteis dijeron	diré dirás dirá diremos diréis dirán	di diga digamos decid digan
dormir (o>ue, o>u) durmiendo dormido	duermo duermes duerme dormimos dormís duermen	dormía dormías dormía dormíamos dormíais dormían	dormí dormiste durmió dormimos dormisteis durmieron	dormiré dormirás dormirá dormiremos dormiréis dormirán	duerme duerma durmamos dormid duerman
동일 유형의 동사	perder, etc.				
estar estando estado	estoy estás está estamos estáis están	estaba estabas estaba estábamos estabais estaban	estuve estuviste estuvo estuvimos estuvisteis estuvieron	estaré estarás estará estaremos estaréis estará	está esté estemos estad estén
haber habiendo habido	he has ha(비인칭: hay) hemos habéis han	había habías había habíamos habíais habían	hube hubiste hubo hubimos hubisteis hubieron	habré habrás habrá habremos habréis habrán	없음

hacer haciendo hecho	hago haces hace hacemos hacéis hacen	hacía hacías hacía hacíamos hacíais hacían	hice hiciste hizo hicimos hicisteis hicieron	haré harás hará haremos haréis harán	haz haga hagamos haced hagan
ir yendo ido	voy vas va vamos vais van	iba ibas iba íbamos ibais iban	fui fuiste fue fuimos fuisteis fueron	iré irás irá iremos iréis irán	ve vaya vayamos id vayan
jugar (u〉ue) jugando jugado	juego juegas juega jugamos jugáis juegan	jugaba jugabas jugaba jugábamos jugabais jugaban	jugué jugaste jugó jugamos jugasteis jugaron	jugaré jugarás jugará jugaremos jugaréis jugarán	juega juegue juguemos jugad jueguen
leer leyendo leído	leo lees lee leemos leéis leen	leía leías leía leíamos leíais leían	leí leíste leyó leímos leísteis leyeron	leeré leerás leerá leeremos leeréis leerán	lee lea leamos leed lean
동일 유형의 동사	creer, etc.				
llegar llegando llegado	llego llegas llega llegamos llegáis llegan	llegaba llegabas llegaba llegábamos llegabais llegaban	llegué llegaste llegó llegamos llegasteis llegaron	llegaré llegarás llegará llegaremos llegaréis llegarán	llega llegue lleguemos llegad lleguen
ofrecer (c〉o, a 앞에서 zc) ofreciendo ofrecido	ofrezco ofreces ofrece ofrecemos ofrecéis ofrecen	ofrecía ofrecías ofrecía ofrecíamos ofrecíais ofrecían	ofrecí ofreciste ofreció ofrecimos ofrecisteis ofrecieron	ofreceré ofrecerás ofrecerá ofreceremos ofreceréis ofrecerán	ofrece ofrezca ofrezcamos ofreced ofrezcan
동일 유형의 동사	amanecer, apetecer, crecer, favorecer, parecer, pertenecer, etc.				

oír oyendo oído	oigo oyes oye oímos oís oyen	oía oías oía oíamos oíais oían	oí oíste oyó oímos oísteis oyeron	oiré oirás oirá oiremos oiréis oirán	oye oiga oigamos oíd oigan
pedir (e〉i) pidiendo pedido	pido pides pide pedimos pedís piden	pedía pedías pedía pedíamos pedíais pedían	pedí pediste pidió pedimos pedisteis pidieron	pediré pedirás pedirá pediremos pediréis pedirán	pide pida pidamos pedid pidan
동일 유형의 동사	elegir, repetir, seguir, servir, vestir, etc.				
pensar (e〉ie) pensando pensado	pienso piensas piensa pensamos pensáis piensan	pensaba pensabas pensaba pensábamos pensabais pensaban	pensé pensaste pensó pensamos pensasteis pensaron	pensaré pensarás pensará pensaremos pensaréis pensarán	piensa piense pensemos pensad piensen
동일 유형의 동사	cerrar, empezar, despertar, manifestar, nevar, sentar, etc.				
poder pudiendo podido	puedo puedes puede podemos podéis pueden	podía podías podía podíamos podíais podían	pude pudiste pudo pudimos pudisteis pudieron	podré podrás podrá podremos podréis podrán	없음
동일 유형의 동사	doler, llover, volver, etc.				
poner poniendo puesto	pongo pones pone ponemos ponéis ponen	ponía ponías ponía poníamos poníais ponían	puse pusiste puso pusimos pusisteis pusieron	pondré pondrás pondrá pondremos pondréis pondrán	pon ponga pongamos poned pongan

preferir (e>ie, e>i) prefiriendo preferido	prefiero prefieres prefiere preferimos preferís prefieren	prefería preferías prefería preferíamos preferíais preferían	preferí preferiste prefirió preferimos preferisteis prefirieron	preferiré preferirás preferirá preferiremos preferiréis preferirán	prefiere prefiera prefiramos preferid prefieran
동일 유형의 동사	divertir, mentir, sentir, etc.				
probar (o>ue) probando probado	pruebo pruebas prueba probamos probáis prueban	probaba probabas probaba probábamos probabais probaban	probé probaste probó probamos probasteis probaron	probaré probarás probará probaremos probaréis probarán	prueba pruebe probemos probad prueben
동일 유형의 동사	acordar, contar, encontrar, recordar, soñar, etc.				
querer queriendo querido	quiero quieres quiere queremos queréis quieren	quería querías quería queríamos queríais querían	quise quisiste quiso quisimos quisisteis quisieron	querré querrás querrá querremos querréis querrán	quiere quiera queramos quered quieran
saber sabiendo sabido	sé sabes sabe sabemos sabéis saben	sabía sabías sabía sabíamos sabíais sabían	supe supiste supo supimos supisteis supieron	sabré sabrás sabrá sabremos sabréis sabrán	sabe sepa sepamos sabed sepan
salir saliendo salido	salgo sales sale salimos salís salen	salía salías salía salíamos salíais salían	salí saliste salió salimos salisteis salieron	saldré saldrás saldrá saldremos saldréis saldrán	sal salga salgamos salid salgan

ser siendo sido	soy eres es somos sois son	era eras era éramos erais eran	fui fuiste fue fuimos fuisteis fueron	seré serás será seremos seréis serán	sé sea seamos sed sean
tener teniendo tenido	tengo tienes tiene tenemos tenéis tienen	tenía tenías tenía teníamos teníais tenían	tuve tuviste tuvo tuvimos tuvisteis tuvieron	tendré tendrás tendrá tendremos tendréis tendrán	ten tenga tengamos tened tengan
traer trayendo traído	traigo traes trae traemos traéis traen	traía traías traía traíamos traíais traían	traje trajiste trajo trajimos trajisteis trajeron	traeré traerás traerá traeremos traeréis traerán	trae traiga traigamos traed traigan
venir viniendo venido	vengo vienes viene venimos venís vienen	venía venías venía veníamos veníais venían	vine viniste vino vinimos vinisteis vinieron	vendré vendrás vendrá vendremos vendréis vendrán	ven venga vengamos venid vengan

Vocabulario

abajo 아래에
abrazo ⓜ 포옹
abrigo ⓜ 코트
acabar 끝내다
acompañar 동행하다
acostarse 눕다
acuerdo ⓜ 동의, 합의
además 게다가
afeitarse 면도하다
agua ⓕ 물
alegrarse 기뻐다
alegre 즐거운, 기쁜
alegría ⓕ 기쁨
alto/a 높은
amar 사랑하다
amarillo/a 노란
anciano/a ⓜⓕ 노인
anoche 어젯밤에
antiguo/a 오랜, 낡은
anuncio ⓜ 광고
apetecer ~하고 싶다
aprobar 합격하다
arreglarse 치장하다
atractivo/a 매력적인
avión ⓜ 비행기
avisar 알리다
ayer 어제
ayudar 돕다
azul 푸른
bajo/a 낮은
baloncesto ⓜ 농구
bañarse 목욕하다

barato/a 싼
barrio ⓜ 동네
bebé ⓜ 아기
béisbol ⓜ 야구
beso ⓜ 입맞춤
biblioteca ⓕ 도서관
bicicleta ⓕ 자전거
blanco/a 하얀
blusa ⓕ 블라우스
botella ⓕ 병
brillante 빛나는
bufanda ⓕ 목도리
buscar 찾다
cada 매, ~마다
calcetín ⓜ 양말
caminar 걷다
camisa ⓕ 셔츠
camiseta ⓕ 티셔츠
campamento ⓜ 캠프
campo ⓜ 시골
cara ⓕ 얼굴
carne ⓕ 고기
carrera ⓕ 학위과정, 경주
casarse 결혼하다
cerrar 닫다
chaqueta ⓕ 자켓
cocinar 요리하다
collar ⓜ 목걸이
cómodo/a 편안한
compañero/a ⓜⓕ 동료
concierto ⓜ 음악회
conducir 운전하다

contar 이야기하다
contestar 대답하다
copa ⓕ 잔
corazón ⓜ 심장, 마음
corbata ⓕ 넥타이
correos ⓜ 우체국
correr 뛰다
cosa ⓕ 물건
cumpleaños ⓜ 생일
curso ⓜ 강좌
dejar 허락하다, ~se 두고나오다
delgado/a 마른
demasiado 너무나
dentista ⓜⓕ 치과의사
dependiente/a ⓜⓕ 종업원
desear 원하다
despertarse 깨다
después 다음에
diario/a 매일의
dígame 여보세요
divertido/a 재미있는
divertirse 즐기다
don/ doña Mr./ Mrs.
dormir 자다
ducharse 샤워하다
dulce 달콤한
duro/a 힘든, 어려운
ejercicio ⓜ 연습, 운동
empezar 시작하다
encima de ~의 위에
enfermero/a ⓜⓕ 간호사
enfrente de ~정면에

ensalada ⓕ 샐러드
entonces 그때에는
entrada ⓕ 입장권
entrar 들어가다
entrevista ⓕ 인터뷰
enviar 부치다
escritor(a) ⓜⓕ 작가
escuchar 듣다
esperar 기다리다
esposo/a ⓜⓕ 남편, 부인
esquí ⓜ 스키
esquiar 스키타다
estantería ⓕ 책장
exacto/a 정확한
examen ⓜ 시험
extranjero/a ⓜⓕ 외국인, 외국의
falda ⓕ 치마
fiesta ⓕ 파티
final ⓜ 끝, 마지막의
fresa ⓕ 딸기
fuera 밖에
fumar 담배 피우다
fútbol ⓜ 축구
futbolista ⓜⓕ 축구선수
galleta ⓕ 과자
ganar 벌다, 이기다
garganta ⓕ 목
general 일반적인
genial 훌륭한, 멋진
gente ⓕ 사람들
gimnasio ⓜ 체육관
girar 돌다

golf ⓜ 골프
grande 위대한, 큰
gris 회색의
guante ⓜ 장갑
hacia ~쪽으로
hermoso/a 아름다운
invitado/a ⓜⓕ 손님
jeans ⓜ 청바지
jersey ⓜ 스웨터
jugador(a) ⓜⓕ 운동선수
junto a ~ 옆에
lápiz ⓜ 연필
largo/a 긴
lástima ⓕ 안타까움, 유감
lavarse 씻다
lección ⓕ 과, 교훈
libre 자유로운, 빈
limpiar 청소하다
listo/a 똑똑한
llamar 전화하다
llevar 데려가다
lugar ⓜ 장소
madrugada ⓕ 새벽
maleta ⓕ 트렁크
marrón 밤색의
medianoche ⓕ 자정
medio ⓜ 수단, 절반의
mejor 더 나은
mensaje ⓜ 메시지
mercado ⓜ 시장
minifalda ⓕ 미니스커트
mochila ⓕ 배낭

moda ⓕ 유행
modelo ⓜ 모델, ⓜⓕ (직업) 모델
molestar 귀찮게 하다
montar 타다
moreno/a 갈색머리의
muchacho/a ⓜⓕ 소년/소녀
nadar 수영하다
naranja 오렌지색의
navegar 항해하다
negro/a 검은
normal 보통의
nota ⓕ 성적
noticia ⓕ 소식
nunca 결코 ~ 않다/이다
objeto ⓜ 사물
oír 듣다
ojo ⓜ 눈
olor ⓜ 냄새
ordenador ⓜ 컴퓨터
ordenar 정리하다
oro ⓜ 금
país ⓜ 나라
pantalón ⓜ 바지
paquete ⓜ 소포
parar 멈추다
pasado/a 지난
pasar 발생하다, 전달하다
pasear 산책하다
patinar 스케이트타다
pedir 부탁하다
peinarse 머리 빗다
película ⓕ 영화

peligroso/a 위험한
pelo ⓜ 머리카락
perdonar 용서하다
persona ⓕ 사람
pescado ⓜ 생선
pie ⓜ 발
pijama ⓜ 파자마
piñata ⓕ 피냐타
piso ⓜ 아파트
plan ⓜ 계획
plata ⓕ 은
ponerse 입다
precio ⓜ 가격
preferir 선호하다
preguntar 질문하다
preocupado/a 걱정하는
primo/a ⓜⓕ 사촌
probablemente 아마도
probador ⓜ 피팅룸
pronto 곧
pueblo ⓜ 시골
puerta ⓕ 문
quedar (만남) 약속을 하다
querido/a 친애하는
queso ⓜ 치즈
quitarse 벗다
rápidamente 빨리
rato ⓜ 잠깐
recto 곧장
regalo ⓜ 선물
respuesta ⓕ 대답
revista ⓕ 잡지
rojo/a 빨간
ropa ⓕ 옷
rosa 분홍색의
rubio/a 금발머리의
rutina ⓕ 일상
salón ⓜ 거실, 홀
salud ⓕ 건강
saludar 인사하다
seguir 계속하다, 계속 가다
seguramente 아마도, 확실히
semáforo ⓜ 신호등
semestre ⓜ 학기
sentarse 앉다
sentirse ~하다고 느끼다
servir 봉사하다, 쓰이다
silla ⓕ 의자
sitio ⓜ 장소
sombrero ⓜ 모자
sonrisa ⓕ 미소
sorpresa ⓕ 놀라움
supermercado ⓜ 슈퍼마켓
talla ⓕ 사이즈
tardar (시간이) 걸리다
tarde 늦게
tarea ⓕ 과제, 숙제
taxista ⓜⓕ 택시기사
temprano 일찍
tenis ⓜ 테니스
terminar 끝내다
tímido/a 내성적인
tocar 연주하다, 만지다
tomar 가지다, 수강하다, (사진) 찍다
tos ⓕ 기침
tostada ⓕ 토스트
traje ⓜ 정장
tranquilo/a 평온한
transporte ⓜ 교통
último/a 마지막의, 최근의
uva ⓕ 포도
vale 좋아, OK
vendedor(a) ⓜⓕ 상인
venga 자! 어서!
ventana ⓕ 창문
verde 녹색의
verdura ⓕ 채소
vestido ⓜ 원피스
vez ⓕ 차례, 번
volumen ⓜ 볼륨, 음량
ya 이제
zapato ⓜ 신발